BEI GRIN MACHT SICH IHR WISSEN BEZAHLT

- Wir veröffentlichen Ihre Hausarbeit, Bachelor- und Masterarbeit

- Ihr eigenes eBook und Buch - weltweit in allen wichtigen Shops

- Verdienen Sie an jedem Verkauf

Jetzt bei www.GRIN.com hochladen und kostenlos publizieren

Optimale ressourcenbeschränkte Projektplanung mit überlappenden Ereignissen

Thomas Conraths

Bibliografische Information der Deutschen Nationalbibliothek:

Die Deutsche Nationalbibliothek verzeichnet diese Publikation in der Deutschen Nationalbibliografie; detaillierte bibliografische Daten sind im Internet über http://dnb.d-nb.de abrufbar.

ISBN: 9783346636881
Dieses Buch ist auch als E-Book erhältlich.

© GRIN Publishing GmbH
Nymphenburger Straße 86
80636 München

Alle Rechte vorbehalten

Druck und Bindung: Books on Demand GmbH, Norderstedt Germany
Gedruckt auf säurefreiem Papier aus verantwortungsvollen Quellen

Das vorliegende Werk wurde sorgfältig erarbeitet. Dennoch übernehmen Autoren und Verlag für die Richtigkeit von Angaben, Hinweisen, Links und Ratschlägen sowie eventuelle Druckfehler keine Haftung.

Das Buch bei GRIN: https://www.grin.com/document/1194372

RWTH Aachen
Veranstaltung Projektmanagement
Sommersemester 2015
Zusatzaufgabe

Optimale ressourcenbeschränkte Projektplanung mit überlappenden Ereignissen

nach Berthaut et al.

Thomas Conraths
Studiengang: Informatik, M. Sc.

Inhaltsangabe

1 Einleitung 1
2 Grundlagen 2
   2.1 Resource-Constrained Project Scheduling Problem (RCPSP) 2
   2.2 Overlapping 2
   2.3 Design Structure Matrix (DSM) 3
   2.4 Crashing 3
   2.5 Substitution 3
3 Ansatz nach Berthaut et al. 4
   3.1 Problemdefinition 4
   3.2 Lösungsmethode 6
      3.2.1 Overlapping 6
      3.2.2 Überlappungs- und Abfolge-Modi 7
      3.2.3 Mehrfaches Overlapping 9
      3.2.4 Das 0-1 ganzzahlige lineare Programmierungsmodell 10
4 Fazit 13
5 Literaturverzeichnis 14

1 Einleitung

Projektplanung ist ein essentieller Bestandteil des Projektmanagements. Sie folgt in der Regel unmittelbar auf die Projektdefinition und bildet die Grundlage der Projektdurchführung. Planung als Solche wird dabei in der Literatur unterschiedlich definiert. Laut dem Verband für Arbeitsgestaltung, Betriebsorganisation und Unternehmensentwicklung (REFA) kann Planung bezeichnet werden als „systematisches Suchen und Festlegen von (betrieblichen) Zielen sowie Vorbereiten von Aufgaben, deren Durchführung zum Erreichen der Ziele erforderlich ist. Der Plan ist das Ergebnis der Planung; er enthält Plan- oder Soll-Daten, deren Einhaltung kontrolliert werden kann" [1]. Im Zusammenhang mit einem Projekt, geht es dabei also um die Unterteilung des zu betrachtenden Projektes in mehrere Teile oder Ereignisse, deren Abarbeitung dann zu dem Gesamtabschluss des Projektes führt. In den meisten Fällen sind diese Ereignisse außerdem voneinander, zeitlich oder von bestimmten Ressourcen abhängig. Aufgabe der Projektplanung ist es deshalb, die zeitliche Abarbeitung der einzelnen Ereignisse zu planen, um beispielsweise die gesamte Projektdauer oder den erforderlichen Ressourceneinsatz zu minimieren und damit zu optimieren. Dies wird auch Resource-Constrained Project Scheduling Problem (RCPSP) genannt.

Basierend auf den Forschungsarbeiten von Berthaut et al. [2] wird im Folgenden eine Methode vorgestellt, die versucht eine gegebene Projektplanung in vertretbarer Zeit zu optimieren. Dazu werden zunächst einmal zugrunde liegende Forschungen vorgestellt, bevor anschließend genauer auf die zu erläuternde Methode eingegangen wird. Hierbei werden dann das Planungsproblem und seine Bestandteile definiert und die Lösungsmethode vorgestellt. Abschließend werden die gesammelten Resultate dargestellt und diskutiert.

2 Grundlagen

In diesem Kapitel wird genauer auf das Resource-Constrained Project Scheduling Problem (RCPSP) und verschiedene Lösungsansätze eingegangen.

2.1 Resource-Constrained Project Scheduling Problem (RCPSP)

Das *Resource-Constrained Project Scheduling Problem (RCPSP)* beschreibt die Optimierung einer Projektdurchführung. Dabei geht es vor allem um die zeitliche Planung der einzelnen Bestandteile eines Projektes, um z.B. einen möglichst frühen oder ressourcenschonenden Projektabschluss zu gewährleisten. Basierend auf der Netzplantechnik wird dabei in der Regel versucht eine optimale Abfolge von Ereignissen zu erstellen, wobei für jedes Ereignis abhängig von der Ereignisdauer der frühestmögliche und späteste zulässige Start- bzw. Endtermin ermittelt wird. In einem weiteren Schritt können dann noch mögliche Ressourcenverteilungen mit einbezogen werden. So stellt Hartmann [3] eine Methode zur Minimierung einer Gesamtprojektdauer bei einer limitierten Anzahl an Ressourcen vor. Gerk et al. [4] erweiterten die ersten Lösungsansätze um *Overlapping*, *Crashing* und *Substitution* Ansätze von Teil-Ereignissen, um eine Projektausführung noch einmal zu verkürzen.

2.2 Overlapping

Overlapping, oder Überschneidung, bezeichnet dabei den Start eines Ereignisses ohne genau über mögliche Abhängigkeiten von anderen Ereignissen oder andere ausführungsrelevante Informationen zu verfügen und somit ein Ereignis beispielsweise bereits zu starten, bevor vorhergehende Ereignisse beendet worden sind. In diesem Zusammenhang wird auch von *Upstream-* und *Downstream-*Ereignissen gesprochen, wobei Upstream-Ereignisse Einfluss auf Downstream-Ereignisse haben. Der Informationsaustausch kann dabei zwar auch von Downstream- zu Upstream-Ereignissen stattfinden, allerdings wird in den meisten Fällen ein unidirektionaler Informationsfluss von Up- zu Downstream-Ereignis angenommen [5].

2.3 Design Structure Matrix (DSM)

Um Beziehungen zwischen Ereignissen und deren Informationsaustausch strukturiert darzustellen, kann eine Design Structure Matrix (DSM) verwendet werden. Eine DSM ist eine quadratische Matrix, auf deren Achsen die einzelnen Ereignisse stehen. Jeder Eintrag *(i,j)* der Matrix repräsentiert dabei den Einfluss eines Ereignisses *i* auf ein weiteres Ereignis *j* oder umgekehrt [2]. Die gebräuchlichsten Ausprägungen sind zum einen die Binäre DSM, bei der nur das Vorhandensein einer Beziehung zwischen zwei Ereignissen abgebildet wird, und zum anderen die Numerische DSM, bei der durch einen Wertebereich zwischen 0 und 1 unterschiedlich starke Abhängigkeiten zwischen Ereignissen abgebildet werden können [6].

2.4 Crashing

Crashing ist eine weitere Möglichkeit die Projektzeit zu beschleunigen. Dabei wird versucht die Dauer einzelner Ereignisse auf ein Minimum zu reduzieren. In der Regel sind mit einer Reduktion der Ereignisdauer weitere Kosten oder ein höherer Ressourcenverbrauch verbunden, welche ebenfalls in den Optimierungsvorgang einbezogen werden müssen [4].

2.5 Substitution

Bei der Ereignis Substitution wird versucht ein einzelnes Ereignis oder eine Reihe von aufeinanderfolgenden Ereignissen durch ein oder mehrere andere Ereignisse zu ersetzen. Dies kann z.B. dann geschehen, wenn es für einen Herstellungsvorgang verschiedene Möglichkeiten der Durchführung gibt. Die Projektoptimierung kann sich dabei sowohl auf benötigte Ressourcen, Kosten oder die Ausführungsdauer beziehen. Eine Minimierung einer dieser Aspekte hat jedoch meistens eine Steigerung eines oder mehrerer anderer Aspekte zur Folge [4].

Da diese Techniken jedoch insgesamt einen planerischen Mehraufwand bedeuten, gilt es ein angemessenes Verhältnis zwischen planerischem Mehraufwand und gesamter Zeitersparnis zu finden [2].

3 Ansatz nach Berthaut et al.

In diesem Kapitel wird eine Lösungsmethode für das RCPSP vorgestellt, die von Berthaut et al. unter dem Titel „Optimal Resource-Constraint Project Scheduling with Overlapping Modes" im Februar 2011 veröffentlicht wurde [2]. Der vorgestellte Ansatz erweitert das klassische RCPSP Modell um eine Overlapping Methode. Dabei wird ein unidirektionaler Informationsfluss von Upstream zu Downstream-Ereignissen angenommen, welcher selbst keine Kosten verursacht und verzögerungsfrei abläuft. Das Overlapping von Ereignissen ist hierbei in ihrem Umfang beschränkt. Insgesamt wird die vorgestellte Methode als ganzzahliges, lineares Optimierungsproblem beschrieben, welches eine optimale Projektdauer in vertretbarer Berechnungszeit liefert.

Im folgenden Abschnitt wird zunächst eine Problemdefinition vorgenommen und anschließend die Lösungsmethode vorgestellt.

3.1 Problemdefinition

In diesem Abschnitt wird die Problemdefinition vorgestellt, auf welcher anschließend die Lösungsmethode angewendet werden kann. Ein zu optimierendes Projekt als solches wird dabei von einer Menge S aus n Ereignissen definiert. Zusätzlich befindet sich in der Menge ein Ereignis 0 und ein Ereignis $n+1$ mit einer Ausführungsdauer von null, welche den Projektanfang und das Projektende beschreiben. Für jedes Ereignis i ist mit d_i die Ausführungsdauer angegeben, die das Ereignis i benötigt, wenn keine Überlappung mit anderen Ereignissen stattfindet. Ob Ereignisse überhaupt überlappen können, hängt von deren Abhängigkeiten untereinander ab. Anhand einer Analyse des Informationsaustauschs zwischen zwei Ereignissen, kann eine allgemeine Unterteilung in „überlappbare" und „nicht-überlappbare" Ereignisse vorgenommen werden. Ersteres enthält alle Ereignisse, die bereits gestartet werden können, obwohl vorangehende Ereignisse noch nicht abgearbeitet worden sind. Letzteres sind diejenigen Ereignisse, die erst dann gestartet werden können, wenn vollständige Informationen über vorangehende Ereignisse vorliegen, d.h. wenn deren Abarbeitung abgeschlossen ist. Tabelle 3.1 enthält alle Symboldefinitionen, die im Folgenden von Bedeutung sind. Aufbauend auf diesen Definitionen kann nun ein Projekt klar strukturiert und eine minimale Gesamtprojektlaufzeit durch Optimierung von Ereignisüberlappungen gefunden werden.

Symbol	Bedeutung
S	Menge von Ereignissen in einem Projekt
n	Anzahl der Ereignisse ohne die Ereignisse Projektstart und –ende
E	Menge von zeitlichen oder prioritären Bedingungen/Abhängigkeiten
$i \rightarrow j$	Abfolge-Bedingung
d_j	Ausführungszeit von Ereignis j
A	Menge von Paaren von überlappenden Ereignissen
A_j	Menge von direkten Vorgängern von j, die mit j überlappen können
P_j	Menge von direkten Vorgängern von j, die nicht mit j überlappen können
$Pred(j)$	Menge von direkten Vorgängern von Ereignis j [$A_j \cup P_j$]
R	Menge von wiederverwendbaren/ erneuerbaren Ressourcen
R_k	Konstante Anzahl von verfügbaren Einheiten der Ressource k
R_{jk}	Verbrauch von Ressource k durch Ereignis j in einer Zeiteinheit
n_{ij}	Gibt Abfolge-Modus für das Paar (i,j) an
β_{ijn}	Überlappungsdauer zwischen Ereignis i und j in Abfolge-Modus n
μ_{ijn}	Erwarteter Mehraufwand in Downstream-Ereignis j, wenn Ereignisse i und j sich im Modus n überlappen
m_j	Anzahl der Ausführungs-Modi von Ereignis j
α_{ijm}	Überlappungszeit zwischen Ereignis i und j in Ausführungs-Modus m
r_{jm}	Erwarteter Mehraufwand bei Ereignis j in Ausführungs-Modus m
T	Obergrenze der Projektdauer
$T = 0,...,T$	Zeiteinheiten
EF_j	Frühest mögliches Ende von Ereignis j
LF_j	Spätest mögliches Ende von Ereignis j

Tabelle 3.1 – Symbole und Definitionen

3.2 Lösungsmethode

Basierend auf den vorangegangenen Definitionen wird in diesem Abschnitt die von Berthaut et al. entwickelte Lösungsmethode vorgestellt.

3.2.1 Overlapping

Als erstes wird dazu der Überlappungs-Vorgang zweier Ereignisse genauer betrachtet. Abbildung 3.1 zeigt die Überlappung der zwei Ereignisse i und j.

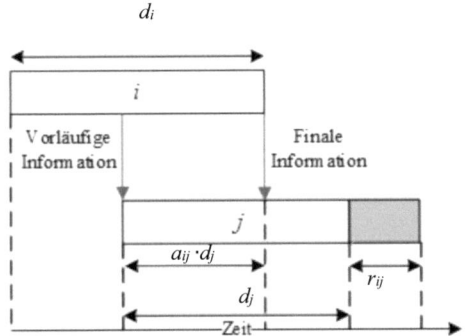

Abbildung 3.1 – Überlappung zweier Ereignisse

Zu sehen ist, dass Ereignis j bereits mit vorläufiger Information von Ereignis i gestartet wird. Der Überlappungsbetrag a_{ij} gibt dabei den prozentualen Anteil der Gesamtdauer d_j an. Im Falle, dass $d_j \geq d_i$ ist, wird dieser Anteil auf d_i/d_j beschränkt, um zu vermeiden, dass Ereignis j vor Ereignis i startet. Dadurch, dass beim Start des Ereignisses j nicht alle nötigen Informationen vorhanden waren, kann ein gewisser Mehraufwand anfallen, der durch r_{ij} dargestellt wird. Die Gesamtdauer um beide Ereignisse abzuschließen beträgt lässt sich somit wie folgt ausdrücken:

$$D_{ij} = d_i + d_j \cdot (1 - a_{ij}) + r_{ij}$$

Bei der Optimierung wird dann eine Ausgleich zwischen Zeitersparnis durch Überlappung und Mehraufwand angestrebt, der außerdem durch die Art und Weise in der ein Informationsaustausch zwischen den Ereignissen stattfindet, beeinflusst wird. Dies ist vor allem dann wichtig, wenn es mehrere Möglichkeiten für eine Überschneidung gibt. Wie bereits erwähnt, für den

Informationsaustausch hier ein verzögerungsfreier, unidirektionaler Informationsfluss angenommen, der selbst keine Kosten verursacht. Die Schwierigkeit besteht nun darin, den anfallenden Mehraufwand als Funktion in Abhängigkeit des Überlappungsbetrags zu quantifizieren. Forschungen in diese Richtung haben gezeigt, dass der entstehende Mehraufwand und die Zeit, die benötigt wird um zwei überlappende Ereignisse abzuarbeiten, konvexe Funktionen in Abhängigkeit vom Überlappungsbetrag sind. Dies ist intuitiv bereits klar, denn je größer die Überlappung zweier Ereignisse, desto unvollständiger sind die Informationen des Upstream-Ereignisses beim Start des Downstream-Ereignisses und desto größer wird ggf. der Mehraufwand.

3.2.2 Überlappungs- und Abfolge-Modi

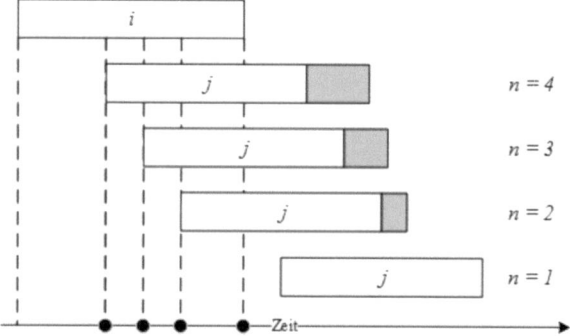

Abbildung 3.2 – Überlappung in bestimmten Modi

Um bestimmte Überlappungs-Möglichkeiten genauer zu spezifizieren, werden sogenannte Überlappungs-Modi benutzt. Dazu wird zunächst einmal angenommen, dass die Positionen, an denen Überlappungen auftreten können, endlich und diskret sind. Diese Annahme ist zum einen deshalb sinnvoll, da Projekt- und Ereignisplanungen meistens über bestimmte Zeitperioden (Stunden, Tage, Wochen) angenommen werden. Zum anderen wird der einzelne Ereignisfortschritt in der Regel durch Meilensteine festgehalten, die einen bestimmten Ereigniszustand festhalten. Die Informationen, die zu einem Ereignis bei Erreichen eines solchen Meilensteins zu einem bestimmten Zeitpunkt vorliegt, kann dann als Startinformation für ein abhängiges Downstream-Ereignis verwendet werden. Der Start eines Downstream Ereignisses zu einem speziellen Meilenstein wird dann als Start in einem bestimmten Modus bezeichnet. Diese Überlappungs-Modi können auch dazu genutzt werden, die Rangfolgen zwischen Ereignissen auszudrücken. Für ein Ereignispaar, für welches die Abfolge-Bedingung $i \rightarrow j$ gilt, kann dies allgemein folgendermaßen ausgedrückt werden:

$n_{ij}=1$, $\beta_{ij1}=0$, $\mu_{ij1}=0$, $\quad \forall j \in S$, $\forall i \in P_j$

$n_{ij}>1$, $\beta_{ij1}=0$, $\mu_{ij1}=0$ und $0<\beta_{ijn}<1$, $\mu_{ijn}>0$, $\forall n \in [2,n_{ij}]$, $\forall j \in S$, $\forall i \in A_j$

β_{ijn} und μ_{ijn} stehen dabei für den Überlappungsbetrag zwischen den Ereignissen i und j und für den erwarteten Mehraufwand, der bei Ereignis j anfällt, wenn diese im Abfolge-Modus $n = 1,...,n_{ij}$ abgearbeitet werden. Sind zwei Ereignisse also überlappbar, dann können sie entweder in Modus $n = 2,...,n_{ij}$ oder nacheinander, also in Modus $n = 1$, ausgeführt werden (Abb. 3.2).

3.2.3 Mehrfaches Overlapping

Bei diesem Projektoptimierungsansatz ist die Anzahl der sich überlappenden Ereignisse nicht beschränkt. Demnach kann ein Downstream-Ereignis j z.B. zwei Upstream-Ereignisse i_1 und i_2 überschneiden. Der erwartete Mehraufwand für Ereignis j der durch die Überlappungen anfällt liegt dabei zwischen dem Maximum der Mehrarbeit der im Falle einer einzigen Überlappung anfallen würde und der Summe der beiden Mehraufwands-Beträge, die bei einer einfachen Überlappung von j und i_1 und einer Überlappung von j und i_2 anfallen würden. Dabei ist zu beachten, dass die Anzahl der Rangfolge- und Überlappungsbeziehungen deutlich größer als die Anzahl der Ereignisse werden kann, da jedes Ereignis oft mehrere überlappbare und nicht überlappbare Vorgänger bei mehreren Überlappungs-Modi hat. Dadurch ergibt sich für jedes Ereignis eine ganze Reihe von Ausführungs-Modi. Die nachfolgenden Tabellen stellen dies exemplarisch für ein Ereignis mit keinem überlappbaren Vorgänger (Tabelle 3.2), ein Ereignis mit einem überlappbaren Vorgänger und vier möglichen Überlappungspositionen (Tabelle 3.3) und ein Ereignis mit zwei überlappbaren Vorgängern, wobei für jeden drei Überlappungs-Modi existieren (Tabelle 3.4), dar.

m	$a_{ijm}, \forall i \in P_j$	r_{jm}
1	0	0

Tabelle 3.2 – Ausführungsmodus eines Ereignisses j mit keinem überlappenden Vorgänger.

	$i \in A_j$		$\forall k \in P_j$		
m	n_{ij}	a_{kjm}	n_{kj}	a_{ijm}	r_{jm}
1	1	0	1	0	0
2	2	β_{kj2}	1	0	μ_{kj2}
3	3	β_{kj3}	1	0	μ_{kj3}
4	4	β_{kj4}	1	0	μ_{kj4}

Tabelle 3.3 – Ausführungsmodus eines Ereignisses j mit einem überlappenden Vorgänger.

	$i_1, i_2 \in A_j$				$\forall k \in P_j$		
m	n_{i1j}	n_{i2j}	a_{i1jm}	a_{i2jm}	n_{kj}	a_{kjm}	r_{jm}
1	1	1	0	0	1	0	0
2	1	2	0	β_{i2j2}	1	0	μ_{i2j2}
3	1	3	0	β_{i2j3}	1	0	μ_{i2j3}
4	2	1	β_{i1j2}	0	1	0	μ_{i1j2}
5	2	2	β_{i1j2}	β_{i2j2}	1	0	$\mu_{i1j2} + \mu_{i2j2}$
6	2	3	β_{i1j2}	β_{i2j3}	1	0	$\mu_{i1j2} + \mu_{i2j3}$
7	3	1	β_{i1j3}	0	1	0	μ_{i1j3}
8	3	2	β_{i1j3}	β_{i2j2}	1	0	$\mu_{i1j3} + \mu_{i2j2}$
9	3	3	β_{i1j3}	β_{i2j3}	1	0	$\mu_{i1j3} + \mu_{i2j3}$

Tabelle 3.4 – Ausführungsmodus eines Ereignisses j mit zwei überlappenden Vorgängern.

3.2.4 Das 0-1 ganzzahlige lineare Programmierungsmodell

Nachdem nun alle Vorbereitungen abgeschlossen sind, kann das ganzzahlige lineare Programmierungsmodell aufgestellt werden, mit dessen Hilfe die Optimierung gestartet werden kann. Der Einfachheit halber wird dazu zunächst ein nicht-lineares Modell aufgestellt, aus dem dann das lineare Modell abgeleitet werden kann.

Mit Hilfe der klassischen Vorwärts- und Rückwärtsrechnung kann in einem ersten Schritt für jedes Ereignis j das früheste und späteste mögliche Ende (EF_j, LF_j) bestimmt werden. Als Projektstart wird dabei der Zeitpunkt 0 und als Projektende der Zeitpunkt T angenommen. Mit Beachtung der Vorrang-Beziehungen und der Ereignisdauer muss ein Ereignis j also in einem Zeitfenster von $\{EF_j,..., LF_j\}$ beendet sein. Als nächstes kann für jedes Ereignis eine binäre Variable dazu genutzt werden, den genauen Zustand des Ereignisses anzugeben:

$$X_{jtm} = \begin{cases} 1 & \text{falls Ereignis } j \text{ in Ausführungsmodus } m \text{ gestartet und zum Zeitpunkt } t \text{ beendet wird} \\ 0 & \text{sonst} \end{cases}$$

$\forall j \in S$, $\forall t \in [0,T]$ and $\forall m \in [1, m_{ij}]$

Für den Ausführungsmodus eines Ereignisses gibt es in diesem Modell drei Fälle. Im Falle von zwei nicht überlappbaren Ereignissen, wir eine solche Überschneidung verboten. Sollten zwei Ereignisse sich allerdings überschneiden dürfen, so gibt es die Möglichkeit diese direkt hintereinander, also im Modus $m = 1$, oder mit einer Überlappung entsprechend im Modus $m > 1$ auszuführen. Dadurch ergibt sich nun das folgende nicht-lineare Programmierungsmodell:

Minimiere $\sum_{m=1}^{m_{n+1}} \sum_{t=EF_{n+1}}^{LF_{n+1}} t \cdot X_{n+1,t,m}$ (1)

Bedingungen:

If $\sum_{t=EF_j}^{LF_j} X_{jt1} = 1$ then $\sum_{m=1}^{m_i} \sum_{t=EF_i}^{LF_{n+1}} t \cdot X_{itm} \leq \sum_{t=EF_{n+1}}^{LF_{n+1}} (t - d_j) \cdot X_{jt1}$. $\forall j \in S$. $\forall i \in Pred(j)$ (2)

If $\sum_{m=2}^{m_j} \sum_{t=EF_j}^{LF_j} X_{jt1} = 1$ then $\sum_{m=1}^{m_i} \sum_{t=EF_i}^{LF_{n+1}} t \cdot X_{itm} = \sum_{m=2}^{m_j} \sum_{t=EF_{n+1}}^{LF_{n+1}} (t - d_j \cdot (1 - \alpha_{ijm}) - r_{jm}) \cdot X_{jtm}$. $\forall j \in A$. $\forall i \in A_j$ (3)

$\sum_{j=2}^{n} \left[R_{jk} \cdot \left(\sum_{m=1}^{m_j} \sum_{b=t}^{t+d_j-1+r_{jm}} X_{jbm} \right) \right] \leq R_k$. $\forall k \in R$ $\forall t \in [0.T]$ (4)

$\sum_{m=1}^{m_i} \sum_{t=EF_i}^{LF_i} t \cdot X_{itm} \leq \sum_{m=1}^{m_j} \sum_{t=EF_j}^{LF_j} t \cdot X_{jtm}$. $\forall j \in S$. $\forall i \in A(j)$ (5)

$\sum_{m=1}^{m_j} \sum_{t=EF_j}^{LF_j} X_{jtm} = 1$. $\forall j \in S$ (6)

$X_{jtm} = \{0,1\}$. $\forall j \in S$. $\forall t \in [0.T]$ and $\forall m \in [1, m_{ij}]$ (7)

Minimiert werden soll die Beendigungszeit des künstlich hinzugefügten Ereignisses für das Projektende (1). Bedingung (2) beschreibt die Ende-Zu-Start Vorrangbeziehungen, wenn sich Ereignisse nicht überlappen. Im Falle von sich überlappenden Ereignissen, beschreibt Bedingung (3), dass das Downstream-Ereignis zum Ende des Upsteram-Ereignisses minus der Überlappungsdauer starten muss. Bedingung (4) behandelt alle Abhängigkeiten von Ressourcen und Bedingung (5) stellt sicher, dass bei einer Überlappung das Downsteram-Ereignis nicht vor Ende des Upstream-Ereignisses beendet werden kann. Bedingung (6) überprüft, ob jedem Ereignis ein Ausführungsmodus und eine Endzeit zugewiesen sind und Bedingung (7) beschreibt die oben genannten binären Variablen für jedes Ereignis.

Aufbauend auf diesem Modell kann jetzt durch eine Umformulierung der Bedingungen (2) und (3) das 0-1 ganzzahlige lineare Programmierungsmodell abgeleitet werden.

$$\sum_{m=1}^{m_i} \sum_{t=EF_{n+1}}^{LF_{n+1}} t \cdot X_{itm} \leq \sum_{m=1}^{m_j} \sum_{t=EF_{n+1}}^{LF_{n+1}} \left(t - d_j \cdot (1 - \alpha_{ijm}) - r_{jm}\right) \cdot X_{jtm} , \quad \forall j \in S, \forall i \in Pred(j) \tag{8}$$

$$\sum_{m=1}^{m_j} \sum_{t=EF_{n+1}}^{LF_{n+1}} \alpha_{ijm} \cdot X_{jtm} \leq Y_{ij} , \quad \forall j \in S, \forall i \in A(j) \tag{9}$$

$$\sum_{m=1}^{m_i} \sum_{t=EF_i}^{LF_i} t \cdot X_{itm} \geq \left(\sum_{m=1}^{m_j} \sum_{t=EF_i}^{LF_i} \left(t - d_j (1 - \alpha_{ijm}) - r_{jm}\right) \cdot X_{jtm} \right) - T \cdot (1 - Y_{ij}) , \quad \forall j \in S, \forall i \in A(j) \tag{10}$$

$$Y_{ij} = \{0,1\} \quad \forall j \in S, \forall i \in Pred(j) \tag{11}$$

Bedingung (8) beschreibt hier die Ende-Zu-Start Vorrangbeziehungen mit negativer Vorlaufzeit im Falle von sich überlappenden Ereignissen dar. Außerdem wird eine neue binäre Variable Y_{ij} eingeführt um eine Fallunterscheidung zu treffen. Falls sich zwei Ereignisse *(i, j)* überlappen, dann ist $Y_{ij} = 1$ und die Vereinigung der Bedingungen (8) und (10) gleichwertig zur Bedingung (3). Im Falle, dass keine Überlappung auftritt, ist $Y_{ij} = 1$ und es gilt keine Einschränkung durch Bedingung (10).

4 Fazit

In der Projektplanung spielt die Terminierung der einzelnen Teil-Projekte oder Ereignisse eine entscheidende Rolle, wenn es darum geht einen möglichst frühen Projektabschluss anzustreben. Neben vielen anderen Strategien, die angewendet werden können um eine Projektdauer zu optimieren, hat sich Overlapping als eine der am meisten angewendeten Methoden herauskristallisiert. Was dabei in der Praxis oft vergessen wird ist, dass das Downstream-Ereignis im Falle einer Überlappung nicht mit den vollständigen Informationen gestartet werden kann, die das Upstream-Ereignis bereitstellt. Dadurch kann zwar Ausführungszeit eingespart werden, jedoch ist dies in der Regel mit einem durch den Informationsmangel bedingten Mehraufwand verbunden.

Die vorgestellte Methode von Berthaut et al. versucht diesen Mehraufwand in die Projektplanung mit einzubeziehen und eine Balance zwischen eingesparter Ausführungsdauer und entstehendem Mehraufwand zu finden. Dazu wurden in den vorherigen Kapiteln einige Voraussetzungen und Bedingungen vorgestellt und das von Berthaut et al. entwickelte 0-1 ganzzahlige lineare Programmierungsmodell erläutert, welches zur Projektoptimierung eingesetzt werden kann.

5 Literaturverzeichnis

[1] REFA-Verband für Arbeitsstudien und Betriebsorganisationen e.V. (Hrsg.): Methodenlehre des Arbeitsstudiums, Band 1 und 2. München: Hanser, 1984

[2] Fancois Berthaut, Lucas Grèce, Robert Pellerin, Nathalie Perrier, Adnène Hajji, Optimal Resource-Constraint Project Scheduling with Overlapping Modes, CIRRELT-2011-09, February 2011

[3] Hartmann, S., Project Scheduling under Limited Resources, Models, Methods and Applications, Berlin: Springer 1999

[4] Gerk, J.E.V. and Qassim, R.Y., Project acceleration via activity crashing, overlapping and substitution, IEEE Transactions on Engineering Management, 55(4):590-601, 2008

[5] Krishnan, V., Eppinger, S.D. and Whitney, D.E. A model-based framework to overlap product development activities. Management Science, 43(4):437-451, 1997

[6] Steward, D.V., The Design Structure System: A Method for Managing the Design of Complex Systems, IEEE Transactions on Engineering Management, 28(3), S. 71-74, 1981

BEI GRIN MACHT SICH IHR WISSEN BEZAHLT

- Wir veröffentlichen Ihre Hausarbeit, Bachelor- und Masterarbeit

- Ihr eigenes eBook und Buch - weltweit in allen wichtigen Shops

- Verdienen Sie an jedem Verkauf

Jetzt bei www.GRIN.com hochladen und kostenlos publizieren